Shana Lyès

BALANCE

FIRST
ÉDITIONS

ISBN : 978-2-412-08205-8
Dépôt légal : novembre 2022
Imprimé en Italie

Directrice éditoriale : Marie-Anne Jost-Kotik
Responsable éditoriale : Aline Sibony
Éditrice : Cyrielle Londero
Correction : Judith Lévitan
Mise en pages : Frédéric Voisin

Illustrations shutterstock : pages 1, 2, 159 et 160 YuHusar ; pages 5, 7, 16, 19, 20, 21, 22, 23, 24, 31, 35, 39, 43, 47, 48, 52, 55, 56, 57, 60, 64, 68, 70, 72, 75, 96, 100, 103, 107, 111, 114, 119, 121, 130, 139, 141, 145, 149, 152 Ju Alaris ; page 10 makrushka et Slurp Design ; page 11 Anastasiia Smiian ; pages 14, 17 et 18 Natalllenka.m ; pages 19, 20, 21, 22, 23 et 24 Bodor Tivadar ; pages 32, 82 et 131 Valedi ; page 35 mountain beetle ; page 44 Tanya Antusenok ; page 46 Istry Istry ; pages 76, 77 et 78 Masmas ; page 79 Arelix ; pages 84, 85, 86, 87, 88, 89, 90 et 91 Nevada31 ; page 104 Paw ; pages 125 et 135 Anastasiia Veretennikova

Éditions First, un département d'Édi8
92, avenue de France
75013 Paris - France
Tél. : 01 44 16 09 00
Fax : 01 44 16 09 01
Email : firstinfo@efirst.com
Site Internet : www.editionsfirst.fr

Sommaire

Ce carnet est dédié aux âmes nées sous le signe de la Balance.

C'est un parfait mélange entre théorie astrale, explications des astres et exercices concrets à réaliser pour un mieux-être, c'est-à-dire pour mieux vivre avec ton essence.

À travers ces pages, tu découvriras pourquoi tu es né·e sous ce signe astrologique, son énergie, sa philosophie, sa place au sein du zodiaque… Mais également ce que cela dit de toi, en tant qu'être humain: quelles sont tes forces et quelles sont tes faiblesses. Tu découvriras aussi comment la Balance agit dans ton thème astral et quelles sont tes meilleures compatibilités.

Tu y trouveras également un point sur la lithothérapie et les cristaux qui te sont conseillés pour révéler ton potentiel intérieur.

Si tu souhaites partager ta passion pour l'astrologie, tes observations et discuter avec des personnes sur des sujets concernant la spiritualité… rejoins le Club des Étoiles sur Facebook!

Je te souhaite une très bonne lecture étoilée.

Shana ♡

Pourquoi s'intéresser à l'astrologie ?

L'astrologie, un langage millénaire

L'astrologie est un savant mélange d'art, de cultures et de connaissances ancestrales, mais elle n'est pas une science. Du moins, pas une science en termes mathématiques. En revanche, on peut la percevoir comme une science humaine, inexacte et malléable, mais pour ma part, je préfère la considérer comme un beau langage qui vient apporter des mots sur des maux ou sur des joies. En effet, l'astrologie nous *parle*.

Née en Mésopotamie environ mille ans avant Jésus-Christ, à la suite d'un heureux hasard qui voulait que les êtres vivants s'intéressent à l'influence du cycle lunaire sur les marées et les moissons, l'astrologie nous parle de qui nous sommes, de notre place dans le monde, de celleux qui nous entourent et de notre société qui évolue, se transforme et se chamboule un peu plus chaque jour.

Depuis l'Égypte antique, elle fait partie intégrante du quotidien des hommes qui tentent de mieux comprendre pourquoi tel ou tel événement se produit à un moment bien précis – lorsque les astres sont (dés)alignés.

Sur la base des observations du ciel d'autrefois, de quelques mythologies, des constellations, des saisons et de la vie en communauté, l'astrologie s'est créé un langage qui parle à notre corps, à notre cœur… et surtout à notre âme. Avec quelques théorèmes et des calculs compliqués qui s'établissent sur la base du jour, de l'heure et du lieu de naissance d'une personne, elle est capable de conter l'histoire de cette âme qui s'est incarnée – pas par hasard – dans un endroit qui va façonner sa vision du monde d'aujourd'hui et de demain.

D'accord, je te l'accorde, cette approche de l'astrologie est très poétique et saupoudrée d'un zeste de magie… Mais qu'est-ce que la magie dans un univers où la spiritualité fait partie intégrante de notre être ? Alors, oui, l'horoscope peut nous sembler parfois abstrait, parfois décalé ou encore difficile à comprendre à la première lecture (ou à la première écoute), mais lorsqu'on prend réellement le temps de se poser face à sa carte astrale, la quantité d'informations qu'on peut en recevoir devient symbolique et résonne, d'une manière ou d'une autre, dans son moi profond.

Chère étoile, fragment de galaxie et lumière incarnée, tu as bien pris ton billet d'avion pour un aller simple vers les astres ? Si oui, prépare toute ta curiosité, ainsi que ton ouverture d'esprit et boucle ta ceinture ! Le décollage est imminent.

TICKET

NOM :

PRÉNOM :

DATE DE NAISSANCE :

SIGNE ASTROLOGIQUE :

VILLE, PAYS D'ORIGINE :

MA PLANÈTE PRÉFÉRÉE :

Introduction à la roue du zodiaque

La roue du zodiaque et les douze signes

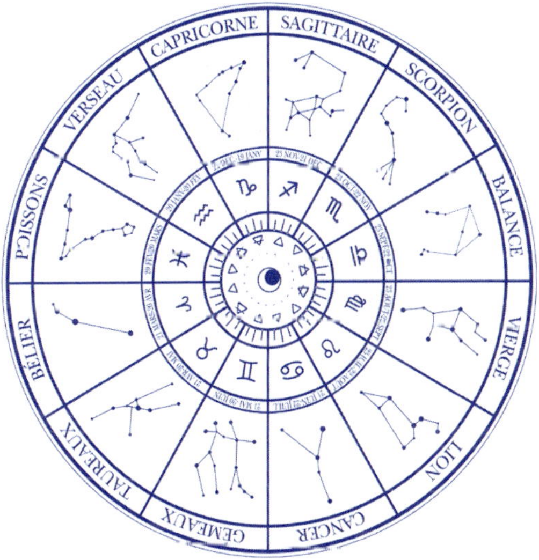

La roue du zodiaque est comme une horloge qui vient illuminer le cadran de l'un ou l'autre signe astrologique durant une période donnée. Elle est divisée en douze et couvre les 24 heures d'une journée, les 4 saisons, ainsi que les 365 jours d'une année. En fonction des transits (déplacements) de planètes dans le ciel, certains signes marqueront davantage une saison qu'une autre… et la personnalité d'un individu né à tel moment, plutôt qu'une autre.

Lorsque tu observeras pour la première fois ta carte du ciel de naissance – aussi appelée ton « thème natal » – tu remarqueras que cette image remplie de symboles colorés est, en réalité, une photo du ciel au jour et à l'heure de ta naissance selon le lieu.

Tu verras également que tu n'as pas uniquement des placements dans ton signe astrologique, mais que tu es un mélange subtil des douze signes du zodiaque. Eh oui ! la Lune bouge, change d'énergie tous les deux jours ; Mercure change au moins une fois par mois de signe ; Vénus est tout aussi rapide… Sans parler du signe ascendant qui change d'une heure à une autre, à la minute près !

Ceci explique pourquoi tu peux connaître d'autres Balances et les trouver si différents de toi.

Pour réaliser ta carte du ciel, rends-toi sur astrotheme.fr dans l'onglet «Ascendant et thème astral» avec ton jour, ton lieu et ton heure de naissance. Garde précieusement cette carte sous les yeux pour venir compléter le reste de ce carnet!

La carte du ciel, le thème natal

Ton thème natal est une carte du ciel, représentant une roue du zodiaque, qui est réalisée en fonction de ton jour, de ton heure et de ton lieu de naissance. Cette «carte natale», ou encore «map astrale», est une photo du ciel prise au moment où ton âme s'est incarnée sur Terre, soit lors de ta naissance. La position des différents astres (Soleil, Lune, Vénus, astéroïdes, etc.) dans le ciel apporte des clés de compréhension de la construction de la personnalité d'un être humain au fil des années et de son évolution personnelle.

Sur cette carte du ciel, tu pourras observer une dizaine de planètes, des astéroïdes, mais également l'emplacement de maisons astrologiques. Lorsque tout ce mix d'énergies est parfaitement traduit, il dresse le portrait de ta personnalité unique. Car chaque thème natal est unique, comme toi.

LA GRANDE TRINITÉ ASTRALE

Si tu débutes en astrologie, sache que trois placements visibles sur ton thème sont particulièrement parlants et importants. C'est ce qu'on appelle la Grande Trinité Astrale ou encore la Triade : **Soleil**, **ascendant** et **Lune**.

Le signe astrologique, solaire : ton rayonnement personnel

Le signe solaire, c'est-à-dire le signe astrologique, est l'endroit où était placé le Soleil lors de ta naissance. C'est ton essence profonde, tes objectifs, ta vitalité, ta première fondation en tant qu'être incarné à un instant *t*.

Le symbole rond ⊙ sur ta carte du ciel est ton signe astrologique.

Pourquoi ne connais-tu que ton signe astrologique depuis la naissance ? Oh, tu sais que le Soleil est l'étoile star de notre galaxie. Celle autour de laquelle gravitent toutes les autres planètes. Celle qui fait que chacun·e d'entre nous se lève chaque matin… Bref, c'est le point central de notre univers. Le Soleil est source de vie. Et cette définition vaut tout autant pour ton signe solaire. Il est le centre de ton thème astral, le luminaire grâce auquel tous les astres fonctionnent et interagissent entre eux. Il représente environ un cinquième de ta personnalité et même si tu peux te reconnaître moins dans ce signe que dans un autre, il reste la base, l'essence même de qui tu es et de qui tu deviens un peu plus chaque jour.

CAS SPÉCIAL : LA CUSPIDE

Le cas de la cuspide est évoqué lorsqu'une personne est née entre deux saisons de signes. C'est-à-dire lorsqu'elle est née le premier jour de la saison de son signe astrologique ou le dernier jour. Généralement, il est difficile pour ces personnes-là de se reconnaître dans l'un ou l'autre signe et elles ne savent pas réellement quel est leur signe solaire.

Si tu es dans ce cas, sache que c'est ton heure de naissance qui déterminera quel est réellement ton signe astrologique.

Si tu te reconnais beaucoup dans les deux signes « entre » lesquels tu te situes, c'est sûrement parce que tu as des planètes logées dans les deux énergies – ce qui est fréquent car Mercure et Vénus ne sont jamais loin du Soleil. Mais sache que, dans tous les cas, tu n'as bien qu'un seul signe astrologique ! Il est impossible d'être né·e sous « deux soleils ».

SHINE BRIGHT LIKE… YOUR SUN !

Le signe ascendant : ta face sociale

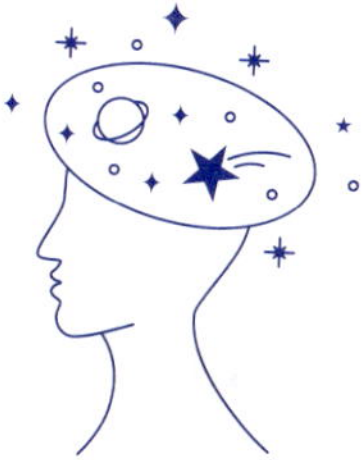

Défini par ton heure de naissance, l'ascendant est le point précis dans le ciel qui représente « l'orient », c'est-à-dire là où le soleil se lève – l'horizon oriental –, il s'appelle « ascendant » car il prend davantage de place au sein de ta personnalité au fil du temps qui passe et il construit ta face sociale et ton apparence physique. Il s'affirme en devenant ton nouvel horizon, pas à pas. Ce serait la face de toi que tu révèles au monde lors de la première rencontre.

La flèche qui pointe **AC** sur ta carte du ciel est ton signe ascendant.

Le signe lunaire : ton intimité et tes émotions

La position de la Lune dans ton ciel de naissance vient donner de précieuses indications sur ton intimité, tes besoins, ta manière d'extérioriser tes affects et la partie de toi qui est profondément innée. D'ailleurs, en astrologie karmique, on part du principe que la Lune représente l'âme qui s'est incarnée au moment de la naissance, avant toute interaction et modification liées à l'environnement. Les heureux·se·s élu·e·s qui voient cette partie de toi sont les personnes proches de toi : partenaire amoureux·se, famille, ami·e·s de longue date, etc.

Le croissant de lune doré ☽ sur ta carte du ciel est ton signe lunaire.

Tous les autres symboles sont des planètes et des astéroïdes qui nuancent et dessinent ta personnalité. Tous ces éléments ensemble forment ta carte du ciel unique, ton thème natal.

Les planètes individuelles

Ce sont les planètes rapides, celles qui bougent rapidement et qui viennent davantage nuancer ta personnalité. Elles parlent de ta communication, de tes affects, de ta capacité d'action ou encore de ton fonctionnement relationnel.

Mercure : ta communication et ton intelligence

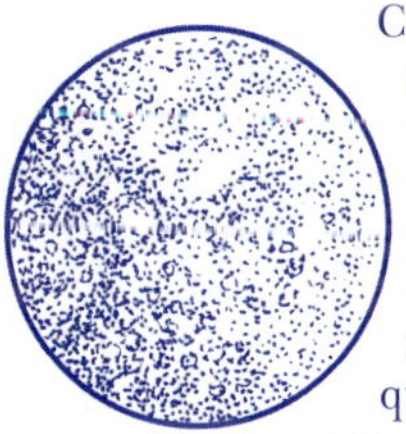

Cette planète va indiquer ton degré de sociabilité, ta manière de communiquer, de réfléchir et la façon dont tu vas utiliser ton intelligence au quotidien, comment elle se déploie et dans quel cadre. Elle peut aussi représenter tes facilités ou tes difficultés de compréhension dans certains domaines.

Le symbole violet ☿ sur ta carte du ciel est ton signe de Mercure.

Vénus : tes sentiments et tes relations

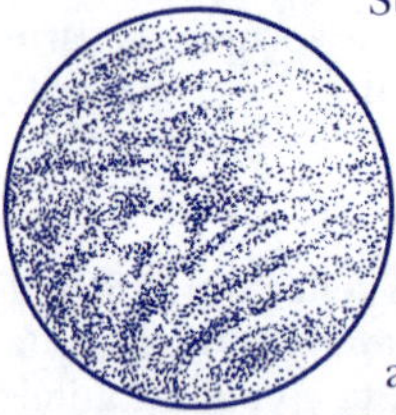

Sur ton thème, cette planète renseigne sur ta manière d'aimer, sur ce que tu recherches pour t'épanouir en relations (amoureuses notamment), sur ta vision de la beauté et ton affinité avec tout ce qui touche à l'art en général.

Le symbole féminin rose ♀ sur ta carte du ciel est ton signe de Vénus.

Mars : tes actions et ton courage

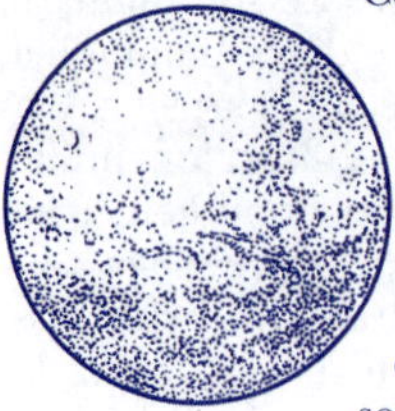

Cet astre témoigne de ta capacité d'action, la manière dont tu (ré)agis au quotidien, ce qui t'anime dans la vie. Ce sont aussi tes désirs, ton pouvoir d'attraction ou l'incarnation de ce par quoi tu es attiré·e. Ce placement renseigne aussi sur ta sexualité et ta libido.

Le symbole masculin rouge ♂ sur ta carte du ciel est ton signe de Mars.

Les planètes intergénérationnelles

Elles sont au nombre de deux : Jupiter et Saturne, qui sont deux planètes plus lentes, mais qui bougent et transitent de signe environ chaque année ou tous les deux ans. Elles indiquent des éléments concernant tes valeurs, ton héritage familial ou encore tes aspirations.

Jupiter : ton expansion et tes valeurs

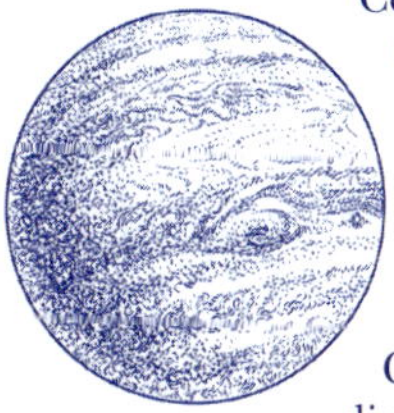

Cette planète fait référence à ta morale, mais aussi à ton potentiel d'expansion. Elle représente le développement social, le domaine dans lequel tu as envie de grandir, ainsi que ta chance. C'est ta philosophie du quotidien.

Le symbole bleu ♃ sur ta carte du ciel est ton signe de Jupiter.

Saturne : ta discipline et tes vertus

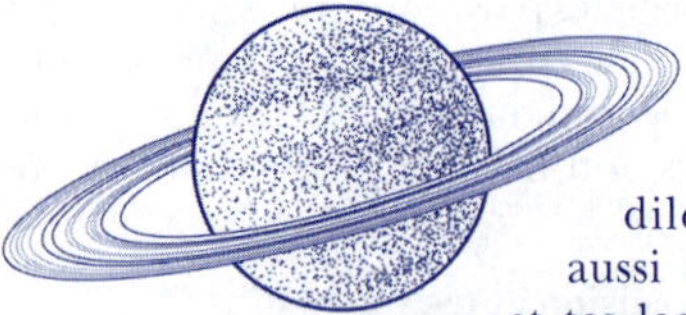

Cet astre représente ton ambition par excellence, ton domaine de prédilection, mais aussi tes structures et tes leçons de vie. Il incarne ta rigueur, ta force et ton karma transgénérationnel. Cet astre t'invite à mûrir, à grandir, à assumer tes responsabilités pour t'intégrer à la société.

Le symbole rouge ♄ sur ta carte du ciel est ton signe de Saturne.

Les planètes générationnelles

Ces trois planètes sont les plus lentes du zodiaque. Découvertes longtemps après les sept premières qui sont présentes sur la carte du ciel, elles ont fait leur apparition dans l'astrologie à la fin du XXe siècle. Elles sont dites « générationnelles » car elles sont présentes exactement au même emplacement (dans le même signe) pour une génération entière.

Uranus : ton indépendance et ta créativité

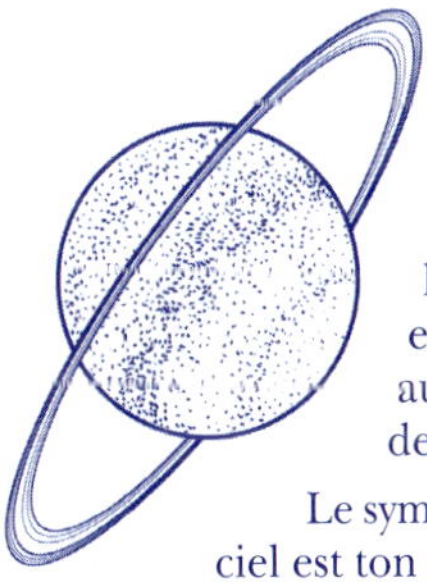

Cet astre représente l'originalité, la créativité et l'inventivité. Sur ton thème natal, Uranus peut indiquer le domaine dans lequel ton côté visionnaire est fortement présent, mais aussi quelles sont tes facultés de transcendance.

Le symbole brun ♅ sur ta carte du ciel est ton signe d'Uranus.

Neptune : tes idéaux et tes croyances

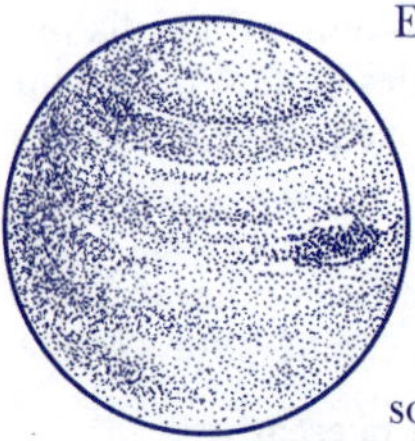

Elle représente ton idéalisme, mais aussi le domaine où tu risques de connaître des déceptions. Cette planète invite à rêver, à fuir la réalité – autant dans un sens positif que négatif. Sur ton thème, son placement peut t'indiquer où se trouvent tes faiblesses, et notamment ta naïveté.

Le symbole vert ♆ sur ta carte du ciel est ton signe de Neptune.

Pluton : ta capacité de résilience

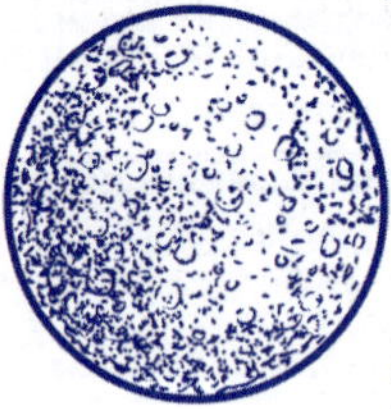

Cet astre signifie la métamorphose, la transformation, le pouvoir et le charisme. Mais également tout ce qui est tabou. Sur un thème natal, Pluton représente la destruction, les peurs, mais aussi un lieu de profondeur recelant une certaine noirceur.

Le symbole rouge ♇ sur ta carte du ciel est ton signe de Pluton.

Les maisons

Les maisons astrologiques sont au nombre de douze. Elles représentent différents domaines de la vie quotidienne et des champs d'expérience qui vont quadriller la routine d'un individu. Chaque maison est en analogie avec l'énergie d'un signe du zodiaque. On dira que ce signe est celui qui dirige cette maison en particulier. Quatre maisons se démarquent plus que les autres.

- **La maison I** est dirigée par le signe ascendant. Elle représente ta vitalité, ton ego et une grande part de ton identité individuelle. Elle marque ta personnalité et te fait évoluer d'année en année.
- **La maison IV** est également appelée « fond de ciel », elle indique tes origines, ton appartenance à une patrie, à une famille, et comment tu construis ton foyer. C'est le point « nord » de ton thème, là où le soleil n'est pas visible car c'est le territoire le plus secret et profond de ton âme.
- **La maison VII** est dirigée par le signe descendant. Opposé à ton ascendant, c'est l'horizon occidental, celui où le soleil se couche pour faire taire l'ego et laisser la place à l'autre. Ce signe montre ce que tu recherches chez les autres pour une association sur le long terme, un partenariat, une relation professionnelle ou amoureuse durable.

Il dévoile ce que tu es prêt·e à apporter à l'autre, mais également ce que tu recherches chez l'autre.

- **La maison X** est également appelée « milieu de ciel », elle correspond au signe où ton soleil est au plus haut, à son maximum, dans son plein potentiel. C'est le zénith, le « sud ». Ce point de ton ciel représente ta carrière, le milieu socioprofessionnel dans lequel tu peux évoluer et briller.

Les astéroïdes et les points karmiques

Les astéroïdes et les points karmiques ne sont pas étudiés par tous les astrologues car ces placements sont plus particulièrement traduits *via* l'astrologie karmique, qui est une branche spécialisée de l'astrologie. Ce courant astrologique tente de mettre en lien les traumas, les blessures émotionnelles et parfois même les potentielles vies antérieures qu'on aurait pu vivre avec la personnalité d'un individu.

Ceux qui nous importent dans cet ouvrage sont les nœuds lunaires, que nous verrons en détails page 101, mais aussi la Lune Noire, qui peut faire écho à tes peurs (voir page 109), ou encore Chiron, qui parlera de tes forces à développer (voir page 109).

Les aspects

Les aspects sont les lignes de couleurs que tu aperçois au milieu de ta roue du zodiaque. Elles indiquent si les astres qui sont présents sur ta carte du ciel interagissent ensemble et, si oui, de quelle manière : positive ou négative ? Certains aspects sont dits « majeurs » lorsqu'ils ont un impact important sur ta personnalité et tes forces ou faiblesses, tandis que d'autres sont considérés comme étant « mineurs » car ils ont un effet moindre sur ta personne.

N.B. : je te conseille de t'attarder sur les aspects uniquement lorsque tu seras assez à l'aise avec l'astrologie et la lecture de ton thème natal. Tu peux revenir à cette partie plus tard et à n'importe quel moment lorsque tu en auras besoin.

Les aspects positifs majeurs (en bleu sur la carte du ciel)

- **Le sextile** (60°) : aspect bénéfique qui lie deux planètes l'une à l'autre, dans des signes compatibles mais qui ont des éléments différents. Cet aspect est considéré comme synonyme d'harmonie et d'échange entre deux énergies qui se renforcent mutuellement.

- **Le trigone** (120°) : aspect qui lie deux planètes l'une à l'autre, dans des signes de même élément. Cet aspect facilite le soutien entre deux énergies et crée du bien-être et de la douceur.

Les aspects négatifs majeurs (en rouge sur la carte du ciel)

- **Le carré** (90°) : aspect de tension qui contrarie l'énergie de deux planètes, dans des signes considérés comme incompatibles et très différents. Cela représente une tension intérieure, un inconfort à surmonter et un obstacle de la vie dont il faut prendre conscience pour évoluer. C'est l'aspect le plus difficile à vivre.
- **L'opposition** (180°) : aspect inconfortable, voire contradictoire, qui oppose deux planètes de manière frontale, dont on dit alors qu'elles se situent dans des « signes opposés ». Cela peut créer un tiraillement intérieur et psychologique.

Les aspects spéciaux

- **La conjonction** (0° à 10°) : aspect qui unit deux, trois, voire quatre planètes qui se trouvent dans le même axe. Celles-ci se retrouvent donc en « superposition ». Cela peut stimuler positivement l'énergie qui se situe dans le signe en question ou, au contraire, créer des excès négatifs. C'est sûrement l'aspect le plus puissant sur un thème. La conjonction est représentée par un cercle vert qui entoure deux ou plusieurs astres.

- **Le quinconce** (150°) : en vert sur le thème, c'est un aspect mineur qui a tout de même beaucoup d'importance. Cet aspect vient soit soutenir l'énergie d'un des astres en question, lui demander de corriger son action, soit créer un conflit interne et provoquer beaucoup de nervosité intérieure en fonction des maisons qu'il va toucher.

Dix choses à savoir sur la Balance

Sa période : 23 septembre – 23 octobre

Son mode : cardinal

Son élément : l'air

Planète : Vénus

Maison : VII, celle de l'association, de l'union et du couple

Signe opposé : le Bélier

Sa phrase clé : « J'harmonise. »

Sa couleur : rose

Ses pierres : quartz rose et aventurine

Ses traits principaux : sociabilité, amabilité, douceur, romantisme, indécision, superficialité

La Balance au sein du zodiaque

La Balance est le septième signe du zodiaque. Née au beau milieu du zodiaque, elle est réputée pour être sociable, justicière et diplomate. Elle est dirigée par Vénus, la planète de l'amour, ce qui fait d'elle un signe séduisant et charmant. Elle gouverne la maison VII qui est celle des rapports aux autres, de l'association, du partenariat, de l'union et du couple. Son mode est cardinal, car sa naissance annonce le début d'une nouvelle saison : l'automne. Cela influence son mode de fonctionnement au quotidien, ainsi que sa prise de décision : la Balance est très indécise dans sa vie, on dit même que c'est la plus indécise du zodiaque. Mais cela fait d'elle une personne équilibrée, attentionnée et à l'écoute de celleux qui l'entourent.

La Balance est née alors que le jour et la nuit sont égaux. En effet, elle naît lors de l'équinoxe d'automne. La saison colorée et la météo agréable influenceraient le tempérament raffiné et sensible de la Balance. Cette dernière aime ce qui est beau et esthétique. D'ailleurs, elle donne beaucoup d'importance à l'image qu'elle renvoie auprès des autres et à son physique. Dans ses côtés sombres, on lui reprochera notamment sa superficialité, son matérialisme et ses airs maniérés.

Équilibrée et honnête, elle a un sens aigu de la justice. Elle déteste les conflits et elle cherche toujours à les apaiser, ainsi qu'à concilier les différents points de vue autour d'elle. La Balance a besoin de créer des liens, de vivre avec la notion d'équipe et de provoquer les rencontres entre les gens. Elle peut même endosser le rôle de Cupidon lorsqu'elle le souhaite.

La Balance doute beaucoup et hésite à maintes reprises. Chacun de ses choix étant pesé sur ses plateaux, il est difficile pour elle de se décider. Elle tient compte de la voix des autres, avec une tendance à s'oublier elle-même. Mais elle a une belle capacité à communiquer.

En amour, la Balance est aussi une sensible qui déteste être seule, elle a besoin de partager tout – ou presque – avec son Autre. Elle peut être dépendante affectivement aux autres à cause de sa peur de la solitude. En tant que séductrice, elle sera toujours mise en beauté et élégante. Elle est réputée pour être foncièrement romantique, parfois même trop fleur bleue.

Au sein de son foyer, elle prendra bien soin de la décoration, car pour elle, il n'est pas question de laisser cela au hasard. Elle aussi apprécie son confort matériel, ce n'est pas un signe de Vénus pour rien.

La Balance est souvent perçue comme une âme qui a de multiples coups de cœur au cours de sa vie et qui ne parvient pas à se poser – à cause de son indécision. Or, elle est simplement une âme romantique qui souhaite tisser des liens avec les autres et qui voit la bonté en chacun·e.

En résumé, **l'énergie de la Balance nous pousse à aller vers les autres, à cultiver notre sociabilité et notre bienveillance**.

Cultiver l'élégance de la Balance en toi

Questions d'étoile

Es-tu fier·ère d'être né·e sous le signe de la Balance ? Pourquoi ?

....

....

Quelle est ta plus grande force, selon toi ?
Amabilité / Négociation / Impartialité / Communication / Autre

....

Donne un exemple avec un événement concret :

....

....

Quelle est ta plus grande faiblesse, selon toi ?
Matérialisme / Indécision / Superficialité / Cœur d'artichaut / Autre

....

....

Donne un exemple avec un événement concret :

....

....

Pensée positive

Répète-toi quotidiennement, le matin en te regardant dans le miroir ou le soir avant de te coucher : « Je suis beau·belle, aimé·e et aimant·e. »

Parce que le signe de la Balance est l'incarnation même de l'amour qu'on porte fièrement et qu'on partage avec qui le voudra bien.

Défi du cœur

Lance-toi des petits défis hebdomadaires que tu notes dans un carnet (en mode *bucket list*) et offre-toi des récompenses (même petites) lorsque tu accomplis quelque chose que tu avais noté !

Cela te permettra de travailler sur ton indécision en notant des choses que tu désires réellement atteindre. Écoute ton cœur et tu prendras toujours la même décision. Tu dois apprendre à suivre la voie de tes sentiments car elle ne te trompera jamais !

Gratitudes

Cite trois choses qui te rendent heureux·se en ce moment même (à voix haute ou pose-les à l'écrit).

....

....

....

La mythologie de la Balance

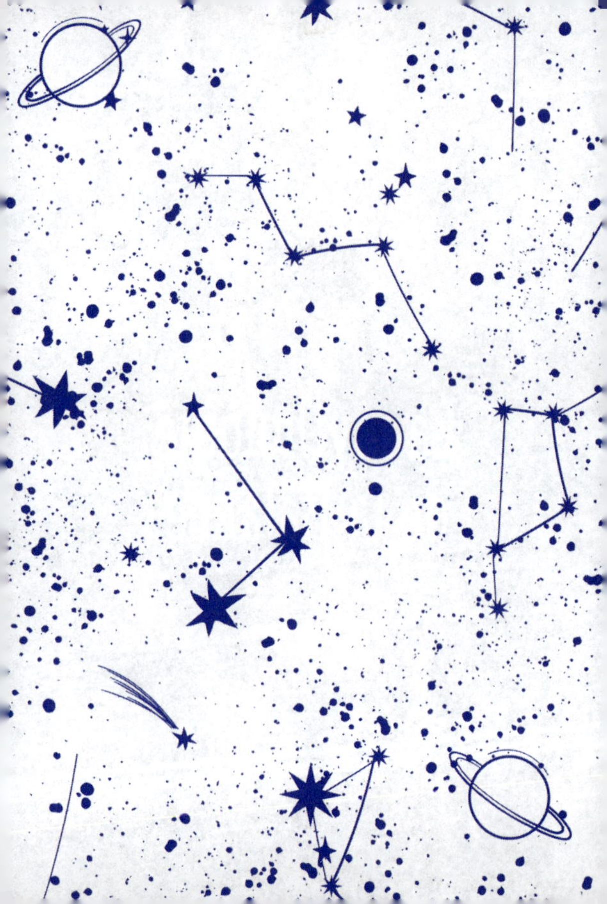

La Balance fut la dernière constellation du zodiaque à être découverte. La roue zodiacale ne comportait que onze signes jusqu'à ce que l'on découvre que les pinces de la constellation du Scorpion étaient en vérité une constellation à part : la plus petite des constellations, qui représente la Balance que nous connaissons aujourd'hui. Le douzième signe fut donc ajouté grâce à la distinction entre la constellation de la Balance et du Scorpion. Cet ajout du signe de la Balance au sein de la roue du zodiaque, un siècle avant la naissance de Jésus-Christ, fut très polémique dans le monde de l'astrologie et de l'astronomie.

La Balance fut considérée comme étant celle dans laquelle Zeus plaça le sort des Grecs et des Troyens pendant la guerre de Troie. Elle est aussi associée à la balance d'Astrée (ou Thémis) lorsque la déesse décida de quitter la Terre pour rejoindre le ciel, devenant ainsi la constellation de la Vierge.

VENUS

Vénus, planète maîtresse de la Balance

♀ **Vénus est la planète qui dirige le signe de la Balance. C'est la planète qui le représente et qui incarne tout le romantisme et la beauté de ce signe d'air.**

Cet astre représente la sentimentalité, l'art, mais aussi les valeurs que l'on construit dans sa vie et l'amour.

Elle fait également référence aux désirs, à la sensualité, mais aussi à l'argent. Cette planète est voluptueuse, tout en douceur et tendresse. Elle indique aussi la capacité de séduction d'une personne, son magnétisme, ses centres d'intérêt, son attrait (ou non) à l'art et sa manière de gérer son argent.

Vénus dévoile l'attraction subjective d'un individu.

Dans le thème, elle symbolise aussi une certaine part de la sociabilité et les relations (amicales et amoureuses) qui peuvent être construites ou déconstruites. C'est l'équilibre affectif et le rapport intime aux autres. Elle apporte harmonie, spontanéité, gourmandise et chance.

La question à te poser en voyant Vénus sur ton thème est : « Comment est-ce que j'accorde mon affection à l'autre, aux autres ? »

Quand cette planète est en dissonance avec une autre (mauvais lien ou opposition), elle peut créer énormément de déséquilibres sentimentaux, des idéalisations (et donc des déceptions relationnelles), ainsi que des problèmes d'argent.

En effet, cette planète sera importante à regarder pour voir la confiance en soi d'un individu. Car cela peut mettre gravement en péril ses relations, avec lui-même comme avec son entourage, et aussi sa gestion des finances et de ses ressources matérielles. Vénus fait souvent passer les besoins affectifs avant la réflexion.

Dans ses bons aspects, Vénus apporte la stabilité en amour et l'équilibre entre les désirs et les sentiments. Elle confère aussi des dons artistiques et créatifs. Aussi, elle favorise la richesse et les rentrées monétaires à diverses périodes.

Enfin, si Vénus rétrograde dans ton thème natal, cela signifie que tu intériorises tes sentiments, tu aimes plutôt la beauté intérieure et abstraite. Tu es moins démonstratif·ve, moins extravagant·e et moins matérialiste. Tu dois apprendre à te reconnecter à ta confiance en toi.

Vénus est à domicile en Balance. Cela veut dire que la planète se trouve dans son signe et agit alors en parfaite harmonie avec celui-ci, le côté positif de la planète sera accentué.

Sa première maîtrise est en Taureau.

Vénus est en exil en Scorpion et en Bélier. La planète est alors dans le signe opposé à sa maîtrise habituelle, ce qui atténue fortement son énergie, elle s'exprime même parfois de manière négative.

Vénus est en exaltation en Poissons. Cela montre que la planète et le signe se renforcent mutuellement, généralement de manière positive, mais aussi parfois avec excès et tension.

Vénus est en chute en Vierge. La planète et le signe sont en conflit et auront tendance à agir de manières opposées en se laissant entraîner par le signe dans lequel ils se trouvent. Ce qui altère l'énergie de la planète et la freine.

Où se situe Vénus sur ton thème natal ? (signe et maison)

....

....

....

Quelle relation entretiens-tu avec cette planète ? T'influence-t-elle beaucoup ?

....

....

....

....

....

....

Maison VII, gouvernée par la Balance

En astrologie, les maisons sont au nombre de douze, chacune d'entre elles étant initialement associée à l'énergie d'un signe du zodiaque. Chaque maison représente un champ d'action et d'expérience pour un individu. Ces douze maisons découpent le thème astral et permettent de mieux comprendre le fonctionnement d'une personne dans son quotidien, ses habitudes, ses comportements relationnels, etc.

La maison astrologique qui est dirigée par le signe de la Balance est la maison VII.

La maison VII symbolise les associations, le couple, le partenariat ou encore le mariage sur ton thème astral. Elle aide à comprendre pourquoi tu es attiré·e par tel ou tel type de personnalité et ce que tu recherches en amour sur le long terme. C'est également un des quatre grands axes de ton thème astral. La maison VII représente ton signe descendant, l'opposé de ton ascendant, c'est ton rapport à l'autre. L'endroit où ton « je » rencontre le « il » ou « elle », ou encore « iel », pour former un « nous ».

D'une certaine manière, la maison VII est teintée de l'énergie de la Balance. C'est la raison pour laquelle elle représente toutes les unions, comme le mariage, les contrats, les associations ou encore les équipes. C'est aussi la maison qui montre ce que tu attends des autres et ce que tu recherches comme qualités chez les personnes qui t'entourent.

En fonction du signe qui gouverne ta maison VII, on va pouvoir observer ce que tu projettes sur les autres et par quel genre de personnes tu es attiré·e, mais aussi comment tu vis et tu gères ta relation de couple. Cet axe montre souvent ce que tu viens « chercher » chez l'autre pour te compléter toi-même.

Les planètes qui se trouvent dans cette maison vont influencer ta vie sociale et montrer si tu es une personne tournée vers les autres et à quel degré.

Les transits (les passages de planètes dans le ciel) sur cette maison permettent de prévoir quand une période serait plus favorable qu'une autre pour une union, une relation, ou, au contraire, pour un conflit.

N.B. : cette maison VII n'est pas forcément en Balance sur ton thème astral, car cela dépend de ton signe ascendant – signe qui donne le ton concernant l'emplacement des autres maisons sur ta carte du ciel.

L'air cardinal : élément et mode

De la Déesse justicière, la fable de la Balance

Lorsque le Créateur a déposé la Balance sur terre, il lui a donné pour mission de répandre la justice, l'équité et l'impartialité pour pouvoir calmer tout conflit et toute tension qui pourrait naître au sein du peuple – avec leurs différences, leurs divergences et leurs intérêts multiples. Elle est là pour faire régner la paix et un climat de confiance entre tous et toutes.

Son élément est l'air, ce qui indique que c'est un être léger, aérien, qui sait s'adapter à celleux qu'il croise. La Balance est connue pour créer du lien dans un groupe et maintenir ses relations comme il faut. Elle est ouverte aux rencontres, aux autres, et curieuse de leur vécu. Très bonne communicante, elle dit haut et fort ce qu'elle pense, mais en adoucissant ses propos pour qu'ils séduisent les autres.

Son mode est cardinal. Première à naître en automne, avant la renaissance du Scorpion et le feu de joie du Sagittaire, la Balance vient rassembler du monde et faire parler la voix de l'amour et de la justice.

Archétype de l'avocate, de la juge ou encore de la conseillère, c'est une véritable médiatrice au sein de sa communauté. Son énergie, à la fois aimante et paisible, permet aux autres signes de faire la part des choses entre le bien et le mal sur leur chemin de vie.

Les apprentissages de la Balance

LA BEAUTÉ DU CŒUR SE REFLÈTE
À TRAVERS LES YEUX.

LE VÉRITABLE AMOUR
SE CONSTRUIT À DEUX.

LA BIENVEILLANCE
EST LA PLUS SAGE DES VERTUS.

SEUL, ON VA PLUS VITE.
À DEUX, ON VA PLUS LOIN.

JUSTICE POUR UN·E,
ÉGALITÉ POUR TOUTES ET TOUS.

La Balance a beau être une personne attirée par les belles choses, le luxe et le matériel… elle est parfaitement consciente que la véritable beauté se trouve dans le cœur et dans les actes de la personne qui est en face d'elle.

La Balance part du principe que l'amour est un sentiment est inné en chacun·e mais que, sur le long terme, il se construit grâce à la volonté de deux êtres qui se rencontrent et qui désirent évoluer main dans la main.

Pour elle, la bienveillance est la clé de chaque relation et cela lui permet également de tisser des liens stables et fiables avec celleux pour qui elle a eu un coup de cœur.

Éternelle romantique, elle préférera toujours cheminer aux côtés de celleux qu'elle aime.

Véritable mousquetaire, la Balance est toujours la première à brandir son épée pour défendre celleux dans le besoin. Ce n'est pas pour rien que le Bélier, signe de la guerre, est son signe complémentaire.

Les citations stars de la Balance

« ON NE PEUT PAS VOIR LE MONDE À TRAVERS UN MIROIR. »

Avril Lavigne, Balance du 27 septembre

Grande amoureuse de l'amour, Avril Lavigne chante des textes qui abordent principalement la thématique de l'amour. Elle s'est d'ailleurs fait connaître grâce à des nombreux tubes qui parlent d'amour : « Sk8er Boi », « Happy Ending », « Girlfriend », etc. Pour l'anecdote : elle se reconnaît tellement dans son signe qu'elle a tatoué son thème astral, son élément et sa planète (Vénus) sur son avant-bras droit . Elle a connu de grandes relations amoureuses et s'est mariée plusieurs fois.

« JE PEUX ÊTRE TON SUCRE, DU MOMENT QUE TU SAIS POURQUOI ET QUAND TU CHERCHES CE SUCRIER. »

Doja Cat, Balance du 21 octobre

Personnalité controversée et folklorique, Doja Cat est autant aimée qu'enviée pour sa grande beauté et sa facette très séductrice. Véritable réalisatrice artistique, elle est polyvalente et elle sait à la fois danser, rapper, composer et chanter. Ses visuels sont toujours très girly et ses chansons ont la plupart du temps pour thèmes l'amour et de la sexualité. L'un de ses albums s'appelle *Planet Her* (Planète Elle) qui fait directement référence au cosmos et au pouvoir du féminin.

« L'ARGENT ET LE SUCCÈS NE CHANGENT PAS LES GENS. ILS NE FONT QU'AMPLIFIER CE QU'ILS ÉTAIENT DÉJÀ. »

Will Smith, Balance du 25 septembre

Dès son enfance, il est surnommé « Prince Charming » par ses professeurs car il se révèle charismatique, beau-parleur et très intellectuel. Il impressionne les autres avec ses discours et son humour. Il se fait d'abord connaître dans la musique sous le nom de « Fresh Prince » puis il perce au cinéma dans « Le Prince de Bel-Air ». Un parcours doré pour un gars à la classe et l'élégance de la Balance. On peut dire qu'il a transformé son indécision en polyvalence pour diversifier les cordes qu'il a son arc : acting, chanson, écriture, etc.

Indique, toi aussi, tes citations préférées :

....

....

....

....

....

....

....

....

....

....

....

....

Vices et vertus : l'héritage de la Balance

Entoure les caractéristiques de la Balance qui te correspondent.

Diplomatie	Sociabilité	Impartialité	Coopération
Possessivité	Douceur	Générosité	Grâce
Écoute	Dépendance	Romantisme	Séduction
Indécision	Équilibre	Calme	Justesse

Diplomatie : douce et aimable, la Balance essaie toujours d'être respectueuse et diplomate avec celleux qu'elle rencontre.

Sociabilité : sociable et curieuse des autres, elle se nourrit des relations qu'elle tisse au fil de sa vie.

Impartialité : dans un conflit, elle ne supporte pas de prendre parti. Elle va écouter les deux points de vue et montrer les torts de chacun.

Coopération : toujours dans l'entraide, elle ne rate pas une occasion de filer un coup de main dès qu'elle le peut. Et elle incitera toujours les autres à coopérer main dans la main.

Possessivité : bien que ce soit un signe d'air, elle tient très fort à ses relations… Elle reste un signe de Vénus, comme le Taureau, après tout.

Douceur : elle préfère le calme à la nervosité ou à la brutalité, elle fera toujours tout dans la douceur.

Générosité : très généreuse, avec le cœur sur la main, elle adore s'offrir des petites choses… mais en offrir tout autant aux autres.

Grâce : réputée pour être élégante et gracieuse, la Balance bat des cils pour séduire.

Écoute : parce qu'elle sait qu'un bon communicant se doit d'écouter autant (si ce n'est plus) qu'il ne parle.

Dépendance : elle peut être dépendante sur le plan affectif ! Et cela la handicape dans certaines de ses relations.

Romantisme : signe de Vénus, c'est une vraie romantique dans son intimité.

Séduction : toujours sous son plus beau jour, elle sait qu'elle peut facilement attirer les regards à elle.

Indécision : elle a toujours du mal à prendre une décision rapidement, elle peut prendre parfois des jours pour réfléchir dans son coin – ou consulter son entourage pour faire un choix.

Équilibre : elle souhaite garder l'équilibre en toutes choses. Un jour de travail, pour un jour de repos, une sucrerie pour un fruit, etc.

Calme : réfléchie et patiente, elle n'a pas pour habitude de brusquer le cours des choses.

Justesse : justicière dans l'âme, elle va toujours chercher la justesse dans son quotidien.

Les peurs de la Balance

D'accord, sortir avec des vêtements désaccordés, sans un teint frais ou une bonne dose de parfum, peut parfois effrayer notre amie la Balance. Mais ce ne sont que des détails... En réalité, sa véritable peur est bien plus profonde : c'est la peur de l'abandon. Âme sociable et être qui se nourrit de ses interactions avec autrui, elle craint de se retrouver face à la solitude, sans personne et sans histoires à partager.

Une autre de ses peurs peut être celle de se retrouver sans argent ! Car c'est une grande dépensière qui est (assez) matérialiste et qui ne se priverait pour rien au monde des petits plaisirs qu'elle peut s'offrir.

Comment travailler sur tes peurs ?

Pour la peur de l'abandon, il est impératif que tu te sentes bien avec toi-même et que tu deviennes ton·ta meilleur·e allié·e ! Si tu deviens ami·e avec toi-même, alors tu n'auras plus peur de briser un lien, de perdre quelqu'un·e de vue et tu n'auras plus cette sensation d'être seul·e. Réalise une fiche avec toutes les caractéristiques requises d'un·e bon·ne ami·e... et vois combien de points tu coches. S'il reste des choses que tu ne coches pas, c'est là-dessus que tu dois travailler en tant que personne. Enfin, pour l'aspect financier, rien de tel que d'établir régulièrement des petits bilans financiers.

Les forces de la Balance

La force numéro un de la Balance est son adaptabilité, caractéristique qu'elle partage avec ses cousins les Gémeaux ; elle a cette force incroyable de s'adapter à son environnement et aux personnes qui l'entourent. Elle est également très bonne communicante et capable de se lancer dans un plaidoyer en faveur de quiconque, de négocier et de réussir à apaiser les conflits entre diverses personnes car c'est une fabuleuse médiatrice.

On pourrait également citer sa capacité à rendre les choses belles, à avoir le goût du beau. En effet, véritable signe de Vénus, la Balance a un don pour reconnaître les belles et bonnes choses. C'est pour cela qu'elle a souvent des facilités en art et une belle créativité qui peuvent l'aider dans le domaine de l'architecture d'intérieur, de la mode, etc.

Comment développer tes forces ?

Pour faire briller ton esprit, il n'y a pas d'autre secret que celui d'apprendre à te connaître en profondeur, pour révéler tes forces et te focaliser sur elles. Tu peux observer autour de toi : pourquoi les gens viennent-ils vers toi ? Quels types de conseils demandent-ils ? Que souhaitent-ils que tu leur apportes dans la vie ? Dès que tu as relevé deux ou trois forces, mets en place une discipline, une routine quotidienne pour te permettre de les travailler davantage !

Les porte-bonheurs de la Balance

- **Jour porte-bonheur :** le vendredi, qui fait référence à Vénus. Les jours où la Lune est en signe d'air lui sont également très bénéfiques.
- **Objet porte-bonheur :** un cœur en quartz rose pour lui apporter le bonheur et la joie sur le plan relationnel ; sinon, une belle feuille ou une fleur séchée à encadrer.
- **Les lieux :** les magasins, les musées, les expositions, les galeries d'art, les villes… tous ces lieux mondains et artistiques où la Balance s'épanouit.
- **La destination de la Balance :** elle veut un équilibre… un juste milieu entre nature et ville, des pays comme l'Autriche, la Suisse, la Grèce ou l'Espagne la rendront heureuse.
- **La fleur de la Balance :** la marguerite, elle incarne l'innocence, la candeur et les sentiments simples et désintéressés.
- **L'animal porte-bonheur :** la colombe, qui apporte la paix et la poésie.
- **La couleur de la Balance :** le rose qui rappelle la tendresse de l'enfance, la douceur et le romantisme.
- **Le chiffre :** 7, chiffre qui représente la spiritualité, la maitrise de l'esprit, la réflexion ainsi que la lucidité. Il fait écho à la recherche de connaissance.

As-tu déjà remarqué qu'un de ces symboles revient souvent dans ta vie ?

....

....

....

....

As-tu des anecdotes à raconter par rapport à ces petits porte-bonheurs ?

....

....

....

....

Les cristaux de la Balance

Chaque cristal diffuse une énergie particulière et possède ses vertus propres. Certaines de ces pierres semi-précieuses peuvent s'allier parfaitement à l'énergie de ton signe.

Quartz rose

Réputée pour être la pierre de l'amour et de la douceur, elle favorise la confiance en soi, mais aussi l'amour que tu t'offres à toi-même et aux autres. Elle permet une communication sans conflit et favorise l'entente, ainsi que la sérénité – notamment dans le cadre du couple. Elle peut être portée par les enfants également.

Mots-clés : amour, douceur, confiance en soi.

Œil de Shiva

Aussi appelée œil de Sainte-Lucie, cette pierre est considérée comme un porte-bonheur. Elle apporte le soutien nécessaire pour affronter les obstacles de la vie. Elle te permet également d'appréhender l'avenir avec sérénité. Placée dans un portefeuille, elle favorise l'abondance et la prospérité financière.

Mots-clés : porte-bonheur, sérénité, abondance.

Rhodonite

Ce magnifique cristal t'aide à trouver le grand amour. En effet, la rhodonite est réputée pour attirer à toi des personnes qui te correspondent. Elle favorise aussi les échanges affectueux et tendres. C'est une pierre protectrice qui agit aussi contre la jalousie et l'envie. Elle peut aussi t'aider à panser les blessures émotionnelles de ton passé.

Mots-clés: soin, amour, compassion.

Tourmaline rose

Cette pierre (aussi appelée « rubellite ») atténue les blessures émotionnelles profondes, notamment celle liées à l'enfance – et à la figure maternelle. Elle t'apporte un sentiment de sécurité. Elle stimule la compassion, vis-à-vis de toi-même, mais également des autres. Elle te permet notamment de dissiper ta colère intérieure.

Mots-clés: douceur, amour, soin.

Péridot

C'est une pierre qui t'aide à avancer dans ta vie professionnelle et/ou spirituelle. Elle guérit, avec toi, tes peines de cœur et tes blocages émotionnels. Elle te délivre des émotions telles que la colère, le stress, la jalousie et l'envie. Cette pierre facilite l'ouverture du chakra du cœur et t'aide à déculpabiliser, à pardonner aux autres ainsi qu'à toi-même.

Mots-clés : patience, pardon, cœur.

Ammonite

Elle apaise ta tristesse et booste ta vitalité physique ainsi que ton endurance. C'est une pierre apaisante qui favorise la chance en débloquant des opportunités et des nouveaux défis. Elle est aussi protectrice pour le couple, elle éloignera les mauvaises énergies qu'il y a entre ta·ton partenaire et toi et elle t'apporte la stabilité.

Mots-clés : ancrage, méditation, anti-stress.

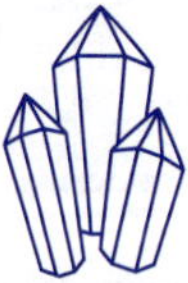

ENTRETIEN DES PIERRES

Les pierres semi-précieuses ont besoin d'un entretien particulier pour t'accompagner au mieux dans ton quotidien. Au moins une fois par mois ou lorsque la pierre perd de son éclat, il est bon de purifier puis de recharger tes cristaux.

Décharger les pierres :

- en les laissant reposer dans de l'eau légèrement salée ;
- en les passant dans de la fumée d'encens (fumigation) ;
- en les mettant dans un bol tibétain avant de le faire retentir ;

- en les déposant sur un gros lit de sel pendant plusieurs heures.

Recharger les pierres :

- en les posant dans un endroit éclairé par la lumière de la lune (nuit de pleine lune de préférence) ;
- en journée, en les laissant à la lumière naturelle (uniquement pour les pierres qui tolèrent les UV) ;
- en les posant sur une fleur de vie ou un coquillage ;
- en les posant sur un amas d'améthyste ou de quartz ou dans une géode.

Les différentes phases de la Lune

Depuis des millénaires, ce satellite naturel influence le quotidien des êtres vivants. Notamment par sa force gravitationnelle : la Lune aimante l'eau présente sur Terre et permet un plus grand soulèvement des marées ; mais aussi par sa lumière lorsque le Soleil se reflète dedans : elle éclaire nos nuits et nous permet de ritualiser la pénombre pour profiter davantage de la nature. D'ailleurs, nos ancêtres avaient pour coutume de planter les graines des légumes lors de la lune croissante, tandis que les grandes cérémonies avaient lieu lors de la pleine lune.

La Lune te guide et t'inspire quotidiennement en fonction de son mouvement, qui est cyclique. Un cycle de la Lune dure environ 29,5 jours. Soit un mois complet qui te permet de lancer de nouveaux projets ou de clôturer des activités qui ont été dûment menées au cours des derniers mois. En fonction de la phase lunaire en cours et du signe dans lequel se positionne la Lune, son énergie aura un impact différent et une signification particulière. Utilisée de manière judicieuse et consciente, l'énergie de la Lune peut t'aider à concrétiser tes objectifs du moment.

Les femmes sont particulièrement connectées au cycle de la Lune, notamment parce que le cycle féminin (qui dure en moyenne 28 jours) a tendance à se calquer sur celui de l'astre lunaire.

En astrologie, la Lune est considérée comme étant un luminaire, c'est-à-dire un point « lumineux » et « rayonnant » du thème astral qui donne énormément d'informations sur la construction de ton inconscient, ton âme et ton intimité. Le signe qui est traversé par la Lune sur ton thème natal est appelé le « signe lunaire » ; il dévoile ta sensibilité, tes émotions et tes besoins quotidiens.

Pour connaître les dates précises des phases de nouvelle lune (nouveau cycle) et de pleine lune (climax du cycle en cours), tu peux te rendre sur la page d'accueil de mon site astrolya.be sur lequel les dates des lunaisons et des transits de planètes sont régulièrement mises à jour.

Le cycle de la Lune

La nouvelle lune

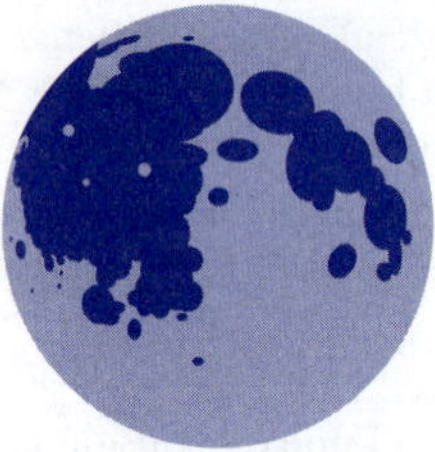

Lorsque la Lune est « noire », invisible dans le ciel car cachée par le Soleil, on dit que c'est la phase de « nouvelle lune ». Cette phase est la première du cycle lunaire, pour ne pas dire la plus importante, c'est le signal qu'une page blanche s'offre à toi ! C'est le moment de démarrer quelque chose de nouveau et de planter des graines de projets pour le nouveau cycle qui démarre. Pose tes intentions et n'aie pas peur de viser haut !

À faire durant cette phase de lune: rédiger tes intentions, démarrer un nouveau projet, imaginer des plans pour le futur.

Lune croissante

L'énergie monte doucement, mais sûrement. Tu peux trouver l'inspiration, conceptualiser, faire des déclarations… C'est la dernière réflexion à avoir avant de passer à l'action, c'est le moment parfait pour commencer à te focaliser sur les détails de ton plan établi lors de la nouvelle lune. Visualise précisément tes désirs et tes espoirs sur le monde qui t'entoure.

À faire durant cette phase de lune: conceptualiser, vérifier, évaluer la situation, établir des plans d'action.

Premier quartier

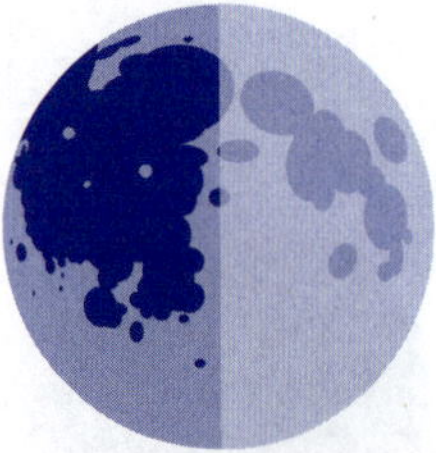

L'action est de mise ! C'est le moment ou jamais de te challenger car l'énergie de cette lunaison t'aide à concrétiser tes objectifs en t'ouvrant la voie vers de nouveaux chemins. Quelques obstacles peuvent se dresser devant toi, alors reste fort·e et lance-toi !

À faire durant cette phase de lune : agir, créer, bouger, se challenger, atteindre ses objectifs.

Gibbeuse montante

C'est la phase des ajustements. Elle représente le moment où tu rassembles tes forces avant de sprinter jusqu'à la ligne d'arrivée. Tu nourris ta vie d'énergies nouvelles, tu fais des corrections, tu ajustes tes plans, tu les redéfinis… Bref, tu alignes tes demandes avec tes actions.

À faire durant cette phase de lune: adapter, corriger, modifier, respirer, faire preuve de patience.

Pleine lune

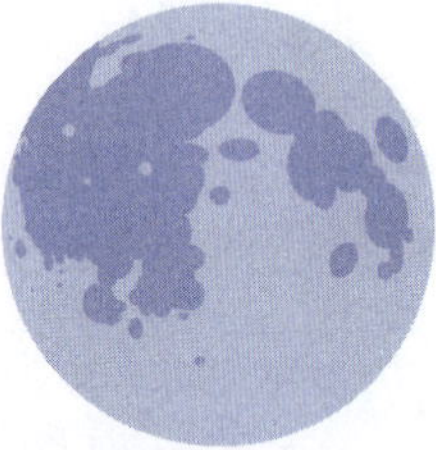

Les émotions se relâchent, tout ce qui ne te sert plus se clôture avec un chapitre de ton passé. C'est un moment de célébration, de victoire, de gratitude et d'épanouissement. Les pages de ce cycle se tournent, de l'espace se libère, en toi et autour de toi, pour laisser place à des nouveautés qui te correspondent davantage.

À faire durant cette phase de lune : relâcher la pression, célébrer, remercier, clôturer, prier.

Lune disséminante

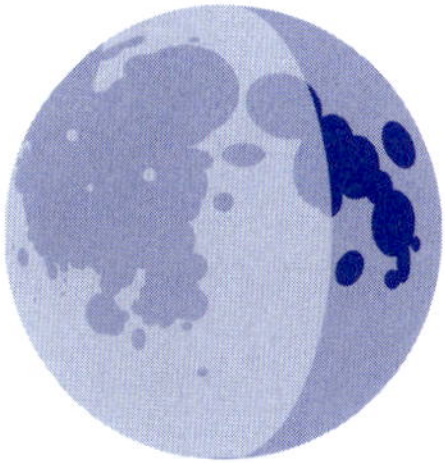

C'est une phase de récolte et de repos, durant laquelle tu accueilles les derniers bénéfices de ce cycle lunaire. Tu reçois, et il ne tient qu'à toi de donner également aux autres et de partager avec tous·tes celleux qui se trouvent autour de toi.

À faire durant cette phase de lune : récolter, partager, relâcher les dernières tensions, clôturer définitivement.

Dernier quartier de lune

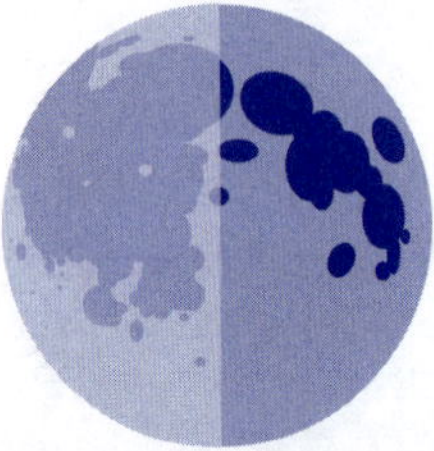

C'est une phase de transition, d'intégration et de pardon. Toutes les énergies négatives ont été évacuées, tu as laissé tes mauvaises habitudes derrière toi et tu t'ouvres désormais à de nouvelles perspectives. C'est une période généralement très calme, pour ne pas dire « creuse », au cours de laquelle il ne se déroule pas grand-chose. Car tout est parfait ainsi, que la situation soit confortable ou inconfortable : tu acceptes le changement.

À faire durant cette phase de lune : se transformer, modifier ses habitudes, accepter ce qui est, s'ouvrir à la nouveauté.

Lune balsamique

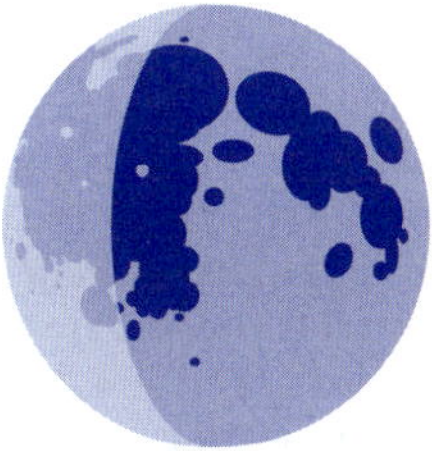

Cette dernière phase de lune avant le retour à la case départ t'intime de te reposer, de rester au calme et de te laisser guider par ton intuition. Prends le recul nécessaire pour observer les quatre dernières semaines qui se sont écoulées, remercie-toi, dresse la liste de tes gratitudes et prépare-toi à entrer dans un nouveau cycle.

À faire durant cette phase de lune : se reposer, prendre du recul, s'écouter, être doux·ce envers soi-même, guérir.

Les lunaisons en Balance

Environ une fois par an, la Lune passe à travers ton signe astrologique : une fois lorsqu'elle est en phase de nouvelle lune (non visible depuis la Terre) et, une seconde fois, lorsqu'elle est en phase de pleine lune. Cela n'arrive pas chaque année, tout dépend du calendrier astral et lunaire, ainsi que du déplacement de la Lune. Cependant, lorsque les cycles lunaires entrent en cohésion avec ton signe astrologique, c'est le moment de faire le plein de bonnes énergies et de t'aligner avec ton moi profond.

Bien vivre une nouvelle lune en Balance (début de l'automne)

L'harmonie et la beauté, voici les mots qui représentent au mieux cette nouvelle lune. Si tu veux faire avancer les choses dans ton sens, c'est le moment parfait pour poser tes intentions, envers toi-même, et envers les autres. Sois diplomate et tout se passera bien. Mets de la beauté dans ta vie, intérieure comme extérieure. La tourmaline rose (ou la rhodonite) te permettra de relâcher la pression par rapport à ton passé et t'empêchera d'être dans le contrôle excessif de tes émotions. Elle t'aidera aussi à gérer toutes les informations intuitives que tu reçois, histoire de rester aligné·e avec toi-même.

Bien vivre une pleine lune en Balance (début du printemps)

Le mot d'ordre est : harmonie. Cette pleine lune va apporter l'équilibre dans les choix que tu fais. Tu cherches les réponses à l'extérieur, alors qu'elles sont entre tes mains, au fond de toi. Cette lune va t'aider à prendre conscience que ce qui te rend joyeux·se se trouve dans ton cœur depuis le début et que cela fait aussi le bonheur des autres. Réfléchis à la manière dont tu communiques tes besoins et dont tu gères tes relations. Analyse aussi la façon dont tu dépends, ou non, des autres. Remets un peu d'harmonie dans ta vie en décorant ton intérieur, en te faisant beau·belle... Regarde le monde qui t'entoure avec un regard enfantin, comme si c'était la première fois que tu le voyais.

Rituel de la Balance

Voici un rituel pensé sur mesure pour une lunaison en Balance, ou idéal à réaliser lors d'une nouvelle lune. Pour ce rituel, tu as besoin de :

- prendre de quoi écrire (stylos, marqueurs) et une feuille ;

- t'installer confortablement dans une pièce calme ;
- te munir d'huile essentielle d'ylang-ylang ou de rose.

1. Dépose quelques gouttes d'huile essentielle sur tes poignets et prends le temps de te fondre dans cette douce odeur qui rappelle l'amour et favorise l'ouverture du chakra du cœur.
2. Ensuite, installe-toi confortablement avec plusieurs feuilles de papier et un stylo. Pense à une personne que tu aimes très fort : quelqu'un qui t'aide à t'élever, qui te soutient et qui te permet d'évoluer. Mais tu peux aussi décider de dédier cet écrit à une personne qui n'est plus dans ta vie et que tu souhaites remercier pour l'impact qu'elle a eu sur toi durant un certain laps de temps.
3. Écris-lui une lettre de gratitude, d'amour ou simplement de remerciements.
4. Tu peux décider d'envoyer cette lettre à la personne en question ou la garder, à ta convenance et selon tes ressentis du moment. Ensuite, dresse une liste des qualités que tu aimes chez les gens qui t'entourent et que tu recherches toujours activement chez les personnes que tu rencontres.

D'autres astuces pour intégrer des habitudes dans ton quotidien :

- Fais la liste des qualités que tu recherches chez les personnes qui t'entourent et des défauts que tu es capable de supporter car ils ne s'opposent pas à tes valeurs et ne t'empêchent pas d'être toi-même.
- Si tu désires rencontrer de nouvelles personnes, note les lieux que tu aimerais découvrir prochainement et inscris dans ton agenda quand tu peux t'y rendre (avec qui, pourquoi aller là-bas, etc.).
- Ose sortir avec des personnes que tu connais simplement de vue, avec des collègues ou des camarades de classe ou des amis d'amis… C'est souvent dans ce genre d'environnement qu'on fait de belles rencontres.
- Prends le temps de commencer une activité qui t'attire depuis un petit bout de temps (intégrer un club de lecture, aller à un cours de sport collectif, une formation d'un week-end pour apprendre des choses sur ta passion, etc.). Tu en apprendras autant sur toi-même que sur celleux qui y participeront !

Ce sont autant d'exemples pour apprendre à te (re)connecter à l'énergie dynamique de la Balance.

Ton climat intérieur : aérien ou terrien ?

Même si tu es né·e sous le signe de la Balance, sache que ton élément dominant n'est pas forcément l'air ! Tu peux très bien être une Balance de feu, de terre ou d'eau. Cela dépend du nombre de planètes de ton thème astral qui se trouvent dans tel ou tel élément.

Par exemple, une personne qui est Balance, mais avec six planètes en élément terre risque fortement d'avoir une dominante dans cet élément. Bien évidemment, cela va influencer sa personnalité et sa manière d'être. Dans cet exemple, une Balance de terre sera beaucoup plus perfectionniste et introvertie qu'une Balance pur air !

Pour connaître ton élément dominant, rends-toi sur astrotheme.fr, dans l'onglet « Calcul de l'élément dominant », pour en savoir davantage sur ta personnalité et ton thème natal.

Quel est ton élément dominant ? Sur quel(s) point(s) t'y retrouves-tu ?

....

....

....

....

Périodes critiques et périodes aisées

As-tu déjà remarqué que tu te sens bien à certaines périodes de l'année et beaucoup moins lors d'autres périodes ?

....

....

Quelles sont les périodes durant lesquelles tu te sens le mieux ? (Mois en particulier, saison, etc.)

....

....

Quelles sont les périodes durant lesquelles tu te sens le moins bien dans ta peau ? (Mois en particulier, saison, etc.)

....

....

Généralement, les personnes nées sous le signe de la Balance peuvent se sentir particulièrement bien lors des périodes où le Soleil transite dans les signes d'air : Gémeaux (juin), Balance (octobre) et Verseau (février). On dira que le ciel leur est favorable. Tandis que les saisons du Cancer (juin) et du Capricorne (janvier) peuvent être plus difficiles à vivre car le Soleil est en carré (aspect négatif) avec tes énergies. Enfin, la saison du Bélier (avril) est un parfait moment pour poser un premier bilan sur ton année en cours. C'est la période où le Soleil est dans ton signe complémentaire, ce qui veut dire que tu es à mi-parcours. Car, en astrologie, on part du principe que ton année personnelle débute à la date de ton anniversaire. Une carte spéciale, appelée « révolution solaire », peut être dressée chaque année à la date de ton anniversaire pour voir les événements marquants et importants de ton année en cours.

Les dernières périodes qui peuvent t'être particulièrement favorables sont celles du Lion (août) et du Sagittaire (décembre).

Avais-tu déjà observé ces fluctuations dans ton énergie ? En as-tu déjà observé d'autres ? Si oui, quelles sont ces périodes et à quoi peux-tu les rattacher ?

....

....

Le chemin de vie de la Balance

Pour mieux comprendre le chemin de vie d'une âme, l'astrologie propose de s'attarder sur les nœuds lunaires. Ce sont deux points mathématiques qu'on calcule dans le ciel sur base de la position de la Lune au jour et à l'heure de la naissance.

Le **nœud Sud** représenterait « l'acquis » d'une personne. Ses capacités innées, ses habitudes, sa manière d'agir dans son passé (voire dans une potentielle vie antérieure selon l'astrologie karmique) et certains astrologues partent même du principe que c'est le signe astrologique qu'on avait dans son ancienne vie.

Le **nœud Nord** représenterait « l'évolution », pour ne pas dire l'accomplissement, ce vers quoi on doit aller pour s'épanouir et trouver la parfaite harmonie, la paix intérieure. Ce sont les compétences qu'il conviendrait d'acquérir et d'apprendre pour cheminer vers son projet d'âme.

Ces nœuds lunaires se trouvent toujours dans les signes complémentaires car ils s'opposent exactement à 180° l'un de l'autre. Ainsi, si tu as, par exemple, ton nœud Sud en Verseau, ton nœud Nord sera en Lion. Pour calculer leur emplacement, c'est toujours la même formule : rends-toi sur astrotheme.fr, dans l'onglet « Ascendant et thème astral ».

Exemple d'interprétation :

Un nœud Sud en Bélier indique qu'une personne a pu passer sa vie à nourrir sa propre personne, son individualisme et à découvrir qui elle était, ainsi que ses forces et ses faiblesses. Dans ses habitudes, cette personne est du genre à ne se reposer que sur elle-même, à montrer une face forte, voire sportive et dynamique. Elle agit souvent comme un leader et peut se montrer têtue. Le nœud Nord en Balance lui demande donc de s'ouvrir au monde extérieur, de tisser de belles relations d'amitié et d'accepter de se reposer aussi sur les autres. L'amour sera souvent au centre de ses questionnements, tout comme la notion de partage.

Évolution et expansion de la Balance énergie non évoluée *vs* énergie évoluée

Évolution et expansion de la Balance

Sur son chemin de vie, la Balance apprendra à évoluer pour son bien-être et celui des personnes qui l'entourent.

Dans ses énergies dites de « basse fréquence », la Balance remplit correctement les stéréotypes et les clichés qui lui sont accolés : c'est une âme indécise, qui ne pense qu'à l'amour, à son quota de popularité et qui parle sans cesse avec tout le monde.

En revanche, dans ses énergies dites de « haute fréquence », la Balance transformera sa peur de l'abandon en finesse relationnelle, elle apprendra à passer du temps seule pour mieux se connaître et faire de meilleurs choix pour elle-même au quotidien. Enfin, elle développera sa communication au point de devenir un membre référent de sa communauté. La popularité ne l'inquiétera plus, elle cherchera simplement à tisser des liens forts et profonds avec celleux qu'elle aime.

Passer de l'énergie non évoluée à l'énergie évoluée est un travail de longue haleine qui nécessite du temps et de la compréhension de soi… Le secret est d'abord d'accepter tes faiblesses pour, ensuite, sublimer tes points forts.

« JUSTICIÈRE DANS L'ÂME,
L'ÉQUILIBRE N'EST JAMAIS LOIN. »

Les blessures de la Balance

Un sujet moins agréable et moins *fun*, mais qui a également tout son sens. Si une blessure peut souvent se caractériser *via* une peur, elle peut également entraver ton chemin de vie et t'empêcher de briller pour qui tu es réellement

Ta première blessure : le syndrome du *people pleaser*, essayer de plaire à tout le monde

Tu as envie d'être aimé·e et de charmer. Parfois même tu te sentiras en compétition avec les autres personnes que tu juges belles et meilleures que toi. Tu as ce besoin constant d'être en relation avec les autres (amitié, amour, etc.). Tu as besoin de plaire, quotidiennement, ce qui peut engendrer un besoin superficiel au niveau vestimentaire ou de ton apparence physique. Parfois, tu peux avoir envie de choquer le politiquement correct à travers l'image que tu renvoies de toi. Dans tous les cas, tu éprouves le besoin de te montrer socialement, tu ne veux pas passer inaperçu·e, ni être lisse. Tu as peur de ne pas séduire ou de déplaire.

Ta seconde blessure : l'abandon, le fait de te retrouver seul·e

Blessure qui découle de la première et dont on a déjà beaucoup parlé au sein de cet ouvrage. La blessure de la Balance est celle de la séparation, celle de l'inévitable divorce entre deux visions du monde différentes, la divergence et l'éloignement que cela peut créer jusqu'au point de se retrouver abandonné·e. Tu as aussi peur des conflits, tu peux endurer beaucoup de choses pour plaire à l'autre et ne pas provoquer une dispute. Tu dois apprendre à cultiver le pacifisme et l'équilibre.

Ces blessures sont amplifiées si tu as Chiron ou Lilith (Lune Noire vraie) en Balance et/ou en maison VII sur ton thème.

Comment soigner ces blessures ?

Tu dois laisser de côté le superficiel, accepte-toi tel·le que tu es physiquement et mentalement. Il est probable aussi que tu sois obsédé·e par la relation parfaite, surtout en amour : rappelle-toi que l'amour se construit à deux. Apprends à être bien avec toi-même (un minimum) avant de te lancer dans une relation qui risque de faire remonter à la surface bon nombre de tes insécurités. Apprends à te complimenter au quotidien et à être là pour toi, jour après jour.

Points d'amélioration du tempérament Balance

Indécision : c'est triste, mais oui, « choisir, c'est renoncer ». Toutefois, sache que, même si tu renonces à quelque chose sur le moment, cela ne veut pas dire que jamais plus tu ne pourras retrouver cette opportunité ! En revanche, cela t'évitera de perdre de l'énergie pour rien.

Superficialité : demande-toi si porter tel vêtement, ressembler à telle ou telle personne, n'est pas uniquement le fruit d'un effet de mode ? Est-ce que ce n'est pas à toi que tu souhaites ressembler plutôt qu'aux autres ?

Dépense : avant d'acheter quelque chose de nouveau, demande-toi si tu en as réellement besoin et quelle sera l'utilité de cet achat ? N'hésite jamais à chiner sur les sites de seconde main qui peuvent te permettre de limiter tes dépenses et de faire de belles économies.

Dépendance : tu dois apprendre à t'autosuffire (plus facile à dire qu'à faire) et surtout à accepter les fluctuations… Car, bien évidemment, les jours où tu ne te sentiras pas bien dans ta peau, tu chercheras à aller vers les autres pour trouver du réconfort. Ce qui n'est pas grave… Là où cette dépendance est problématique, c'est lorsqu'elle t'empêche d'être dans une bonne relation avec toi-même ou lorsqu'elle t'empêche de briser un lien toxique que tu entretiens avec autrui.

Naïveté : parce que cela peut souvent te retomber dessus et que les chutes, ça fait mal ! On ne te demande pas de te couper de ton regard enfantin ni de ta gentillesse innée, mais de garder la tête froide, même lorsque tous les voyants sont au vert.

Dans quelles proportions es-tu Balance ?

Charismatique, tu es sociable et diplomate :

OUI ❑ NON ❑

Tu détestes l'impolitesse et la vulgarité :

OUI ❑ NON ❑

Tu as une réelle passion pour tout ce qui touche l'art :

OUI ❑ NON ❑

Tu as besoin de prendre ton temps pour faire un choix :

OUI ❑ NON ❑

Cœur d'artichaut, tu tombes facilement sous le charme :

OUI ❑ NON ❑

Tu as un grand sens de la justice :

OUI ❑ NON ❑

Tu sais comment mettre les autres à l'aise, dans n'importe quelle situation :

OUI ❑ NON ❑

Tu adores faire des compliments aux autres :

OUI ❑ NON ❑

Romantique, tu adores les histoires d'amour :

OUI ❑ NON ❑

Tu aimes apporter des conseils bienveillants aux autres :

OUI ❑ NON ❑

VERDICT ! À quel pourcentage es-tu réellement Balance ? (1 OUI = 10 %)

....

....

As-tu déjà observé qu'un autre signe prenait beaucoup de place au sein de ta personnalité ? Si oui, lequel ? Pourquoi ?

....

....

....

La Balance au travail

Pour la Balance, le secret d'une vie heureuse réside dans l'équilibre, ce qui signifie qu'elle ne s'engagera pas à travailler sans penser à son temps libre. Elle s'arrangera toujours pour être aussi présente au travail qu'en dehors et profiter de ses activités externes. Malgré son tempérament doux, comme c'est un signe cardinal, elle peut devenir la cheffe de son équipe, voire de son entreprise. Son humanité et sa douceur feront d'elle une leader aimée, même si elle manque parfois d'initiative pour manager les personnes qui travaillent pour elle. En revanche, elle travaillera dur pour mériter les privilèges qu'elle s'offre. En quête de vérité et de justice, elle fait une excellente avocate, notaire ou juge et elle peut aussi facilement réussir en tant que diplomate, architecte ou artiste si elle a pris le temps de cultiver son côté artistique dès l'enfance. Elle travaille mieux en groupe qu'en solo. En plus, c'est une oratrice douée.

L'aspect financier de sa vie est fluctuant, cela dépend de son degré d'indécision et des dépenses qu'elle accepte de réaliser au cours du mois – ou pas. Certes elle peut être dépensière, mais lorsqu'elle remet en question ses choix financiers, elle peut décider de ne plus rien dépenser pendant un moment. Signe de l'équilibre, elle essaie de conserver celui-ci entre son épargne et ses dépenses, même si elle adore la mode et les vêtements de luxe. Elle doit apprendre à ne pas laisser ses envies prendre le dessus.

Sa carrière idéale: journaliste, avocat·e, juge, notaire, orateur·rice, attaché·e de presse, styliste, décorateur·rice, architecte, peintre, artiste, chanteur·se, acteur·rice, fleuriste, responsable marketing, écrivain·e, éditeur·rice, etc.

La Balance en famille

En famille, la Balance souhaite que les liens de sang restent solides et durables dans le temps. Dès le moindre conflit, elle peut souffrir de culpabilité et essayer sans cesse de jouer la justicière pour rétablir la paix. Ce qui peut lui valoir pas mal de problèmes. En constante recherche d'harmonie, elle s'entend généralement bien avec ses parents et ses frères et sœurs… Mais uniquement pour éviter les conflits. Même si elle n'apprécie guère un membre de sa famille, elle ne laissera rien transparaître. Aussi, elle se retire dès qu'un conflit se présente à elle. Quand elle a besoin de nourrir son individualité, elle s'enfermera dans la solitude pour découvrir son propre point de vue parmi tous ceux des autres. Généralement, avec sa maturité et sa générosité, elle devient facilement un bon parent et un modèle, prête à partager tout ce qu'elle sait et ses passions avec ses enfants.

Bien évidemment, étant le signe de l'union et du mariage, elle développe un lien privilégié avec son·sa conjoint·e, ainsi qu'avec sa belle-famille qui est très importante à ses yeux.

Les compatibilités amicales de la Balance

La Balance est très sociable, elle adore complimenter les autres et les mettre en avant de la meilleure des façons. D'ailleurs, son défaut est de mettre (trop) souvent les autres sur un piédestal et d'omettre leurs vices et points faibles. Le défi de la Balance en amitié est de reconnaître le type de personnes qui lui correspond réellement et d'arrêter de vouloir plaire à tout le monde. Car plaire à tout le monde équivaut à ne plaire à personne. D'autant qu'elle s'investit énormément dans chacune de ses relations et cela serait dommage qu'elle perde du temps avec des personnes qui ne la méritent pas. Mais ce sera difficile pour elle de ne pas s'entendre avec quelqu'un car elle s'entend avec presque tout le monde. Enfin, comme elle est bienveillante et calme, cela lui permet de communiquer aisément pour apaiser n'importe quel conflit.

Elle recherche des amitiés à long terme avec des personnes créatives, artistiques et drôles.

L'amitié de la Balance : signe par signe

Balance – Bélier : c'est souvent ambigu entre eux deux et cela peut vite virer sur une passion amoureuse… Mais ils font de bons amis aussi !

Balance – Taureau : les deux signes de Vénus ensemble, ça passe ou ça casse en amitié. Si leur côté superficiel ressort de trop, alors c'est la catastrophe assurée !

Balance – Gémeaux : ils s'adorent ! Vraiment. Ils ont les mêmes délires et énormément de points communs. Tous les bons ingrédients pour une belle amitié.

Balance – Cancer : en amitié, ça peut fonctionner, même si mettre deux personnalités capricieuses ensemble peut faire des étincelles !

Balance – Lion : ces deux-là ont quasi le même mode de fonctionnement en amitié et ils recherchent tous les deux à tisser du lien. Cela ne peut que fonctionner entre eux !

Balance – Vierge : elles adorent se conseiller l'une l'autre et parler de tout et de rien. Une amitié fluide et douce, c'est une paire qui fonctionne bien !

Balance – Balance : deux Balances ensemble font la fête jusqu'au bout de la nuit et passent de merveilleuses soirées à siroter des cocktails en se racontant les pires potins !

Balance – Scorpion : en amitié, ces deux signe s'entendent plutôt bien, même si leurs centres d'intérêt divergent, ils trouveront toujours de quoi partager de belles choses ensemble.

Balance – Sagittaire : une des meilleures paires du zodiaque, ils sont dans les mêmes délires et désirent parcourir le monde ensemble. Eh oui, rien que ça !

Balance – Capricorne : ils s'entendent difficilement car le Capricorne est rarement de la partie pour participer aux soirées improvisées de la Balance, tandis que cette dernière peut paraître superficielle aux yeux du Capricorne.

Balance – Verseau : ils s'adorent ! Ils discutent de tout et de rien jusqu'à pas d'heure… Et plus si affinités !

Balance – Poissons : ensemble, ils refont le monde et imaginent comment arrêter la guerre dans notre société. Donc, oui ça peut matcher !

Thermomètre amical

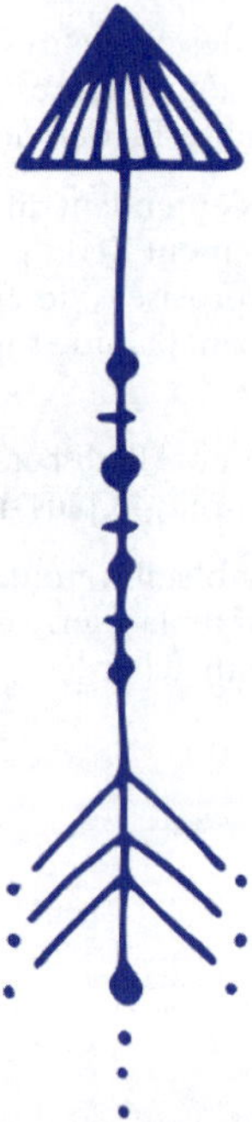

Sagittaire

Gémeaux

Verseau

Lion

Balance

Bélier

Poissons

Scorpion

Vierge

Taureau

Cancer

Capricorne

Tes amitiés astrales

Prends le temps d'écrire ici le nom des personnes qui font partie de ton entourage, leurs signes astrologiques et les choses que tu apprécies et/ou que tu admires le plus chez celleux qui constituent ton univers. Car, bien souvent, les personnes qui nous inspirent le plus font partie de notre cercle proche.

Et tu sais ce qu'on dit en astrologie : « Il n'y a pas de hasard, que des rencontres… avec des âmes sœurs ! »

Prénom et nom de cette Âme Sœur :

....

Son signe astrologique (et ascendant, si tu le connais) :

....

Jour de notre rencontre (et/ou lieu) :

....

Ce que j'apprécie particulièrement chez elle ou lui :

....

Prénom et nom de cette Âme Sœur :

....

Son signe astrologique (et ascendant, si tu le connais) :

....

Jour de notre rencontre (et/ou lieu) :

....

Ce que j'apprécie particulièrement chez elle ou lui :

....

Prénom et nom de cette Âme Sœur :

....

Son signe astrologique (et ascendant, si tu le connais) :

....

Jour de notre rencontre (et/ou lieu) :

....

Ce que j'apprécie particulièrement chez elle ou lui :

....

Prénom et nom de cette Âme Sœur :

....

Son signe astrologique (et ascendant, si tu le connais) :

....

Jour de notre rencontre (et/ou lieu) :

....

Ce que j'apprécie particulièrement chez elle ou lui :

....

Prénom et nom de cette Âme Sœur :

....

Son signe astrologique (et ascendant, si tu le connais) :

....

Jour de notre rencontre (et/ou lieu) :

....

Ce que j'apprécie particulièrement chez elle ou lui :

....

Prénom et nom de cette Âme Sœur :

....

Son signe astrologique (et ascendant, si tu le connais) :

....

Jour de notre rencontre (et/ou lieu) :

....

Ce que j'apprécie particulièrement chez elle ou lui :

....

Les compatibilités amoureuses de la Balance

Trouver l'Amour (avec un grand A) est sûrement dans le top 3 des priorités d'une personne née avec le Soleil ou l'ascendant Balance. Quand elle est en couple, elle fera tout pour maintenir l'harmonie et la cohésion du couple. Dévouée et charmante, elle est capable de faire énormément de compromis et de changer certaines de ses habitudes pour se mettre au diapason de son Autre. Mais souvent, elle tait des blessures et des émotions qu'elle ressent pour ne pas contrarier son·sa partenaire. Il est donc très important pour la Balance de savoir poser ses limites – et cela, de manière claire et nette – pour ne pas que sa relation lui fasse changer chacune de ses opinions et sa vision de la vie.

Dans tous les cas, c'est une âme qui fonctionne mieux en binôme qu'en solo.

Les meilleures compatibilités pour la Balance

Lion, Sagittaire, Balance, Gémeaux, Verseau, Bélier[1].

L'amour de la Balance : signe par signe

Balance – Bélier : soit ils s'aiment, soit ils se détestent, mais il n'y a pas d'entre deux ! Ces deux signes complémentaires doivent faire fleurir leur amour et l'entretenir pour que cela dure.

Balance – Taureau : les deux signes de l'amour qui construisent une relation amoureuse ensemble ? ça

1. Les compatibilités notées ici sont dites « générales », ce sont uniquement les compatibilités entre les différents signes solaires, le thème astral n'est pas pris en compte.

fonctionne généralement bien – très bien même ! Ils cherchent la paix et l'harmonie.

Balance – Gémeaux : en amour, ils se comprennent – parfois même de manière télépathique. Entre séduction, tendresse et folles nuits jusqu'au petit matin.

Balance – Cancer : en amour, cela coince souvent car aucun d'eux ne prend réellement d'initiative… la relation stagne et finit par les lasser. Il faut qu'ils apprennent, ensemble, à construire leur futur.

Balance – Lion : les amoureux de l'amour ensemble qui cultivent une passion insoupçonnée lorsqu'ils se (re)trouvent. Ils créent leur propre idylle sous les feux des projecteurs.

Balance – Vierge : une paire pas si rare où les deux subliment leurs qualités et taisent leurs défauts, si elles recherchent le même type de relation, sur le long terme.

Balance – Balance : deux romantiques ensemble… cela crée un cocktail d'amour et de tendresse ! Attention à l'hyperfusion et à la dépendance affective.

Balance – Scorpion : une paire qui fonctionne très bien au début... jusqu'à ce que le Scorpion ne pique la Balance là où il ne faut pas ! Si le couple survit à cette blessure, alors le reste ira bien.

Balance – Sagittaire : une paire sublime qui rayonne ! C'est l'union entre la douceur et l'aventure. Ils n'ont généralement pas besoin d'entretenir la flamme car c'est un feu d'artifice entre eux.

Balance – Capricorne : une paire complexe lorsque le Capricorne se met à être jaloux face au comportement séducteur de la Balance… et que la Balance se lasse du tempérament trop sérieux du Capricorne.

Balance – Verseau : une amitié « avec bénéfices »… qui leur plaît à tous les deux, du moment qu'ils y trouvent leur bonheur.

Balance – Poissons : un couple qui se forme dans l'idéalisation de la romance, mais qui peut s'effriter lorsque les conflits s'immiscent entre eux.

Thermomètre amoureux

Sagittaire

Lion

Balance

Gémeaux

Taureau

Verseau

Bélier

Vierge

Poissons

Scorpion

Capricorne

Cancer

L'amour sur ton thème astral

Pour mieux comprendre ta manière de fonctionner en amour, repère où se trouvent les éléments importants à observer sur ta carte du ciel. Réfère-toi au tableau en page suivante pour mieux comprendre tes planètes. Pour chacune d'entre elles, tu peux compléter les qualificatifs en te référant au signe dans lequel elle se trouve sur ta carte du ciel.

Pour rappel, rends-toi sur astrotheme.fr, dans l'onglet « Ascendant et thème astral », pour découvrir tes placements de planètes

Vénus, planète de l'amour, des sentiments et des valeurs.

J'ai Vénus en

....

Ce qui veut dire que j'aime de manière

....

Mars, planète de l'action, des désirs et de la sexualité

J'ai Mars en

....

Ce qui veut dire que je désire de manière

....

Descendant et ascendant

Le signe descendant représente le type de personnes qui m'attirent et ce que je recherche dans mes relations avec les autres. Il montre aussi comment j'interagis avec ceux qui m'entourent et ce dont j'ai besoin sur le long terme. (Il est exactement à l'opposé de l'ascendant qui, lui, représente ma manière d'être en société et une grande part de ma personnalité.)

Mon signe descendant est le

....

Ce qui indique que j'adore les personnes

....

Enfin, le Soleil et la Lune sont également des éléments très importants à prendre en considération pour tes relations amoureuses. Je t'invite à relire les pages explicatives sur ces deux luminaires si ce n'est déjà fait.

	Vénus	**Mars**	**Descendant**
Bélier	Passionnée	Ardente	Entreprenante
Taureau	Romantique	Sensuelle	Stable
Gémeaux	Évasive	Lunatique	Sociable
Cancer	Maternante	Émotive	Sensible
Lion	Dominante	Puissante	Solaire
Vierge	Discrète	Intellectuelle	Responsable
Balance	Affectueuse	Équilibrée	Charmante
Scorpion	Intense	Passionnée	Charismatique
Sagittaire	Libre	Spontanée	Indépendante
Capricorne	Sérieuse	Durable	Ambitieuse
Verseau	Intellectuelle	Enjouée	Originale
Poissons	Douce	Mystérieuse	Rêveuse

Liste de gratitudes

À réaliser pour le plaisir, en début ou en fin de journée.

Notes-y toutes les choses pour lesquelles tu t'estimes chanceux·se et toutes ces choses qui font ton bonheur au quotidien. Le défi est de réaliser une liste de gratitudes lors des jours où tu n'es pas au top et que tu as un coup de mou !

....

....

....

....

....

....

....

....

....

Chèque d'abondance

Tu trouveras sur la page suivante un chèque d'abondance à remplir. Les chèques d'abondance se remplissent à la nouvelle lune (voir calendrier lunaire sur astrolya.be) et se brûlent ou se déchirent à la pleine lune. Tu peux y inscrire une somme d'argent que tu souhaites obtenir, un souhait, un vœu qui t'est cher ou toute chose que tu aimerais que l'Univers t'apporte pour le prochain cycle. Une fois que tu l'as complété, découpe-le et range-le dans un endroit sécurisé mais où tu pourras le voir chaque jour… Ou au contraire, range-le dans un placard pour ne plus le voir jusqu'à la prochaine lunaison ! Concentre-toi ensuite sur tes désirs sans penser à quand l'abondance arrivera. Lâche prise et ne contrôle rien… jusqu'au jour où ton dû te reviendra.

Exemple de chèque d'abondance :

Banque Universelle de l'Univers
1, Av. de la Gratitude
La Galaxie des Étoiles

Date : ....

Payé intégralement : ....

À l'ordre de : ....

Par la loi de l'abondance, gratitude de l'Univers

Signature :

Développement personnel, tes atouts

L'astrologie te murmure que tu as des super-pouvoirs !

Tu as des qualités uniques, héritées du placement des astres lors du jour de ta naissance. Ces atouts sont de réelles forces que tu dois apprendre à mettre en pratique régulièrement pour mieux t'épanouir au quotidien…

Entoure-les et/ou inscris-les sur cette page et mets-les en contexte. Les jours où ton moral se porte moins bien, relis ces pages pour te donner un coup de boost !

N'hésite pas à sonder les personnes de ton entourage pour avoir leur avis, celleux qui nous aiment ont toujours une vision de nous particulière et bienveillante.

Mon atout n° 1 :

Courage – Volonté – Force – Autre

....

Je donne un exemple concret pour illustrer ce point fort :

....

Mon atout n° 2 :

Générosité – Curiosité – Impartialité – Autre

....

Je donne un exemple concret pour illustrer ce point fort :

....

Mon atout n° 3 :

Patience – Calme – Bienveillance – Autre

....

Je donne un exemple concret pour illustrer ce point fort :

....

Mon atout n° 4:

Créativité – Minutie – Ouverture d'esprit – Autre

....

Je donne un exemple concret pour illustrer ce point fort:

....

Mon atout n° 5:

Fiabilité – Négociation – Communication – Autre

....

Je donne un exemple concret pour illustrer ce point fort:

....

Cultive ton pouvoir d'étoile

Les étoiles sont là pour t'aider et te guider dans une meilleure compréhension de toi-même. Mais, au final, c'est toi, le roi ou la reine de ta vie, qui disposes des clés pour franchir les étapes, les unes après les autres, jusqu'à atteindre tes plus hauts objectifs.

Cet exercice est là pour que tu puisses faire le point sur l'instant présent, sur ce que tu vis actuellement et ce que tu mets en place dans les jours qui construisent ton quotidien. Pour mieux agir sur ton futur, il n'y a pas de meilleure façon que de le construire dans le présent. C'est aussi le moment de faire le point sur tes souhaits… et sur toi-même, tout simplement.

Mon présent et mes projets actuels :

....

....

Mes accomplissements sur les six derniers mois :

....

....

Comment me suis-je félicité·e pour cela ? ou que vais-je faire pour me féliciter ?

....

....

Quelle est la chose dont je suis le·la plus fier·ère dans ma vie ?

....

....

Quelles sont mes indécisions du moment, pourquoi ? Qu'est-ce qui m'aiderait à prendre une décision claire ?

....

....

Poésie d'étoile

Sur cette page, prends le temps de laisser parler ton côté romantique et artistique de Balance. Écris un poème, comme lorsque tu étais adolescent·e, en mieux, pour parler d'amour, d'émotions ou de ce que tu ressens. Tu n'es pas obligé·e de faire des rimes, ce poème doit te ressembler, à toi !